MES CONFIDENCES A
LA LUNE

Mes confidences à la Lune

Par cet ouvrage,

*Je voudrais dédiaboliser la rupture amoureuse, et surtout,
les amours toxiques et le combat qui s'ensuit pour s'en
sortir ; Dédiaboliser le chemin émotionnel et sentimental
dans le fait d'aimer une personne jusqu'à se perdre,
s'oublier, et ne plus se reconnaître quand celle-ci disparaît.*

Kamille

Mes confidences à la Lune

Partie 1

L'AUTRE

Les premiers

Nous serons les deux *premiers* humains à mourir de bonheur et d'amour.

Mon amour (1)

Je t'aime d'un amour qui dépasse les bornes.

Mon amour (2)

Je t'aime d'un amour qui défie les lois scientifiques, de l'Espace et du Temps.

Toi

Ce qui me remplissait de terreur, ce n'était pas le fait de te perdre, mais d'apprendre à vivre

Sans toi.

Mon âme sœur

Si je vous décrivais son visage, son sourire, son regard, ou son âme, vous ne me croiriez pas, alors je vais me contenter de raconter.

A vrai dire ?

Par où commencer... Je ne sais pas vraiment. Vous savez, j'ai cette flamme au fond du cœur, du ventre et de mon âme, qui brûle, brûle sans cesse.

Mais, par où commencer ?

Je voudrais déjà vous faire une confidence : les âmes sœurs dans les films ne sont qu'un vaste mensonge, pour que les gens passent leur vie à chercher cette pièce égarée, cette moitié d'âme qui leur manque, et guide leur chemin.

Par où commencer ?

Il est la rencontre qui m'a changé pour toujours. Ma vision de la vie, des choses, mes projets, mes objectifs, il a même modifié mes démons, et en a modelé de nouveaux.

Il est la personne qui m'a le plus ouvert les yeux sur la vie, la beauté du monde, la réalité et même sur mon âme.

Celui aussi qui m'a enfermée dans des ténèbres si lointaines, que je n'en connaissais pas l'existence.

Et pourtant...

Savez-vous ce que l'on ressent ?

Le premier jour, une énorme décharge électrique : première approche de deux âmes qui se cherchaient.

La certitude : c'est lui, pas votre ancien petit-ami, ni la personne avec qui vous flirtez depuis un moment...

Ni même la personne qui partage votre foyer actuel.

Non.

Il se tient là, devant vous, et son aura est trop puissante pour la décrire.

Un mot, puis trois, puis mille : c'est *Lui*.

Les jours suivants, le doute : comment lui expliquer la décharge ? La certitude ?

Ses yeux pourtant vous hurlent silencieusement qu'il sait déjà tout.

Vous lisez dans ses yeux comme dans les vôtres devant un miroir.

Il n'est pas beau, il n'est pas parfait.

Non.

C'est vous et lui.

Lui et vous ne font qu'un.

Ça brûle les yeux, les joues, le cœur, les mains, la tête : c'est si fort que plus rien ne compte.

Mais comment allez-vous faire avec tout ça entre vos mains ?

Vous allez essayer d'en parler autour de vous : le coup de foudre, le coup de cœur sont en boucle dans les bouches, comme un refrain de chanson d'été.

Mais ce n'est pas cela.

Vos paroles ricochent dans le vide. Mais vous n'êtes pas *fou*, vous êtes *sûr*.

Ce n'est pas le coup de foudre, ni le coup de cœur.

C'est la *fusion*.

Vous êtes entiers, enfin.

Mais ce qu'omettent les films, cités plus haut, c'est le *poids*.

Une âme entière n'a pas le même poids qu'une âme humaine. Alors, les choses sont compliquées à expliquer, à visualiser, à écrire, à vivre, à ressentir.

Comment je fais avec tout ça ?

Vous suffoquez sous le poids, et vous agissez alors uniquement pour sauver votre peau, vous purgez vos douleurs péniblement.

Comment je dois survivre avec toi ?

Nous sommes assis là, tout près l'un de l'autre.

Entre nous, un fil rouge.

Rouge comme le sang, comme la chair, comme le cœur.

Il est léger, doux, presque chaud.

Il est si solide que le monde entier réunit ne pourrait ni le briser, ni le délier.

Si je bouge trop fort, je t'emporte avec moi, et vice-versa.

Nous sommes liés. Nous sommes coincés. Je ne peux plus m'échapper, tu ne peux plus m'échapper.

Vous me direz : et après ?

Après, vous essayez de vivre enchaîné à une autre âme.

Mais c'est trop, trop dur, trop fort, trop vite, trop d'émotions, trop fusionnel, trop rude.

Vous tirez sans cesse mais l'autre en fait de même : les cris, les tentatives de fuite, les larmes, la colère, les pleurs.

Vous vous tuez mutuellement, pour vivre un peu.

Et puis le déclic, la prise de conscience, la douche froide : la fusion est *toxique*.

Que faire maintenant ?

Vous êtes au milieu d'une forêt, épaisse, sombre, loin du monde extérieur, loin de la réalité.

Qu'avez-vous fait ?

Vous avez cédé à la fusion, elle vous a coupé de tout soupçon de réalité, vous êtes *égarés*.

Mais fusionnés.

A quel prix ?

Les plaies sont profondes. Il faut quitter cette forêt qui n'a ni entrée, ni sortie.

La seule solution : la *division*.

De toutes vos dernières forces, dans la douleur, les larmes, vos hurlements qui déchirent la forêt, le ciel, et même la Lune, vous sectionnez le fil.

A travers vos larmes, un simple bracelet rouge, usé et froid reste à votre poignet.

Qu'est-ce que j'ai fait ?

Vous errez, dans la nuit, le jour, le froid et la chaleur.

Vous voulez partir et sortir d'ici.

De temps à autre, vous jetez un œil épuisé, malheureux, par-dessus votre épaule.

Es-tu là ?

Il vous semble que parfois vous hurlez son nom, pour être sûr qu'il erre toujours lui aussi, mais vous n'avez que rarement une réponse.

Alors vous apercevez à nouveau le soleil, le ciel, les nuages, le vent, les saisons ; la forêt est moins épaisse. La réalité se montre à nouveau, perdue depuis longtemps. Vous pansez vos plaies, une à une.

Es-tu là ?

Mon bracelet rouge plaît beaucoup à la Lune, et celle-ci me murmure que tu n'es jamais loin.

Je (ne) vous le souhaite (pas)

Si vous rencontrez cette âme-là, l'âme sœur, la moitié d'âme manquante, alors vous me verrez (mal)heureuse pour vous.

Ton Nom

Mes pensées et mes souvenirs hurlent ton Nom.
C'est assourdissant.
Complètement enivrant.

Effacer mes souvenirs,
Et toi avec.

Quand ton nom atteint mes oreilles, j'ai ce poids au fond de l'âme qui me rappelle...

La peur, les doutes, les angoisses, cet amour dont je ne savais que faire.

C'est le cœur qui sursaute, la nausée qui monte, le pouls qui s'accélère, la vue qui se floute.

Qui étais-je pour toi?

Cette question résonne en écho dans ma tête.

Alors les souvenirs remontent, les questions aussi, les émotions se brouillent : la colère, la tristesse.

On dit que le temps répare, mais mon cœur mettra un siècle à se reformer.

Comment ai-je pu me laisser aller comme ça ?

Je me suis oubliée comme si je ne valais pas grand-chose.

Les gens me questionnent, me parlent de toi... Que dois-je faire de ça ?

Je me sens épuisée, oubliée et même effacée de ma propre existence.

Mon bracelet rouge au poignet, la Lune me berce.

Tes mots

Je me raccroche à ce que tu me <u>disais</u>,
Ces mots qui me faisaient planer,
Mais à quoi je dois me raccrocher ?
Quand ces mots ont <u>disparu</u> ?
Je tombe,
Libre est ma chute.

Retourne-toi

Je suis juste derrière toi,
Tout près,

Mais toi,
Tu avances,

Tu ne te retournes jamais.

Unique

Je t'ai attendu, ces longs mois où tu me faisais miroiter que tout allait pour le mieux, et que j'étais unique dans ce monde peuplé de milliards de femmes comme moi, je t'ai attendu.

Sur le banc du chemin sinueux de l'amour, où il y fait tantôt chaud, tantôt orageux ou très froid, je t'ai attendu, des heures.

J'y ai laissé mes pensées les plus sombres mais aussi les plus douces, les plus meurtrières et les plus abominables.

Comment peut-on délaisser son âme pendant des instants interminables dans les mains d'une autre ?

Comme je disais plus tôt, j'étais patiemment assise. A observer les moindres détails qui t'entouraient, à essayer de ne jamais te perdre de vue même quand tu t'évaporais de mon champ de vision.

Je voulais être unique, dans ce monde peuplé de milliards de femmes comme moi.

Tu étais le seul, l'unique, tu étais incomparable, tu surpassais n'importe quelle forme de vie qui m'entourait.

Tu étais le Seul, l'Unique, l'Incomparable.

J'ai essayé d'encaisser l'attente, de ne pas souffrir et de rester moi-même. MOI.

Je ne l'étais plus.

J'étais TOI. Tu étais devenu ma pensée, mon corps, mes yeux, mes paroles et surtout mon cœur.
Je ne parvenais plus à respirer quand tu disparaissais.
J'ai voulu être parfaite, j'ai voulu te plaire à n'importe quel prix.
Je voulais que tu me respires, que tu m'aimes et que tu en saignes comme j'en saignais.
J'étais pourtant assise-là, mes larmes étaient silencieuses et glacées.
J'ai voulu y croire.
Je voulais y croire.
Sur le banc du chemin sinueux de l'amour, où il y fait tantôt chaud, tantôt orageux ou très froid, je t'ai attendu.

Mais tu n'es jamais venu.

Ma Douleur

J'ai supplié maintes fois la Douleur de m'épargner,
Mais la seule solution que j'ai trouvée,
C'est de l'apprivoiser.

Pensée passagère

Et si tu n'étais que de passage ?

J'aurai traversé le globe à pied pour avoir la réponse.
Tu n'as été que de passage, et malgré ta course effrénée pour déjà quitter ma vie, je me suis accrochée à toi de toutes mes forces. En pensant naïvement que tu finirais par t'arrêter.
Tu n'as été que de passage.
Et pourtant, le peu de temps durant lequel j'ai pu t'aimer, nous avons noué nos bracelets rouges te rappelles-tu ?
Puis le temps t'a rattrapé, notre histoire d'amour été terminée, et tu as commencé ta course folle. Attachée à ton poignet par notre fil rouge, j'espérais t'arrêter, pour que tu puisses te reposer (et rester).
Je te hurlais que je t'aimais, que tu ne pouvais pas t'en aller et me laisser.
Je t'ai dit que tu étais mon âme sœur, je t'ai fait remarquer que nous étions liés par nos bracelets, tu as partagé mes paroles mais tu t'éloignais.
Tu n'étais que de passage, alors j'ai rompu notre fil rouge et j'ai tourné les talons.
La rancœur, la colère, la tristesse, connais-tu le goût des larmes ?
Tu n'étais que de passage finalement.
Tu as disparu et tout le reste avec.

Aujourd'hui encore, tu n'es que de passage.
Tu étais mon esprit tout entier.
Tu n'es plus que de passage dans mes
pensées.

Le Deuil

Les sentiments qui hurlent,
Les émotions à terre,
Le cœur qui saigne,
Les larmes qui ruissellent...
Et l'âme en peine.

Ton Empreinte

En partant, tu as laissé cette empreinte sur mon cœur, comme on fait couler de l'encre sur du papier.

Elle est tantôt une récompense, un don, tantôt un fardeau, un complexe.

Elle est de ces empreintes qu'on chérit le matin, qu'on haït à midi, et que l'on pleure le soir venu.

Si tu savais comme le temps fut long avant qu'elle ne cicatrise et s'arrête de saigner.

Il m'est arrivé de nombreuses fois d'en vouloir au destin, au monde entier de t'avoir connu.

Qu'avais-je bien pu faire pour mériter de souffrir autant ?

Encore aujourd'hui, parfois, il m'arrive de m'interroger...

Pourquoi moi ? Pourquoi toi ?

Notre Nous ne fut qu'une illusion, l'illusion la plus déchirante que je pu connaître.

Toi (2)

Autour de moi, tout parle de toi, tout porte ton nom.

Mon amour pour toi

Si je devais décrire mon amour pour toi, ce serait l'image d'une bulle : ni divulguée, ni divulgable.

Une bulle de confort dans laquelle je peux t'aimer, une minute, une heure, ou un siècle.

Mais c'est une *bulle*, pas une *maison*, elle n'a ni *murs* ni *fondations*.

Elle est éphémère, sans avenir, sans solidité.

Elle me parasite par le seul fait qu'elle existe.

Contrairement aux bulles dans la réalité, elle pèse lourd et ni s'envole, ni ne disparaît.

Elle flotte là, près de moi, sans arrêt.

Bon nombre de fois j'ai voulu la percer, mais je ne m'y suis que blessée, meurtrie à en saigner...

Et Après ?

Où es-tu ?

Je te cherche partout,
Même dans ma solitude.

Mensonges

"Pas de nouvelles, bonnes nouvelles" ;
Je n'ai jamais entendu de plus vaste mensonge.
Pas de nouvelles,
C'est l'attente,
Le doute,
La peur,
Les larmes,
              Et Moi avec.

Meurtrier

Il est de ceux qui vous ramène à la vie, vous abandonne en vous laissant pour mort, dans l'attente que le Temps panse vos plaies et vous fasse grandir, encore.

Mon champ de bataille

J'ouvre les yeux et la première chose que je sens le long de mon corps est cette chaleur écrasante, étouffante.

Mon souffle râcle dans mes poumons, ma gorge, ma bouche sèche d'avoir trop hurlé.

Mes yeux se consument sous cette chaleur, d'avoir trop pleuré, d'avoir trop cherché.

Mes yeux fouillent le Ciel mais le Soleil n'y est plus.

Mon regard se promène autour de moi tandis que je me relève sur mes jambes tremblantes.

Ma gorge se serre quand je reconnais l'Endroit : mon Champ de Bataille.

Me revoilà ici, cet Endroit que j'avais fui, mes jambes à mon cou.

Ma voix se remet à hurler ton nom.

Tu es la Clef.

Ma prison dorée se referme sur moi, encore.

Ce lien dont je ne sais que faire. Je pleure, je hurle à larmes déployées.

Où es-tu ?

Pourquoi suis-je la seule ici ?

La règle voudrait que la bataille se livre entre Toi et Moi.

Mais il n'y a que Moi.

Moi, ma carcasse, mes cris et mes larmes.

Me revoilà sur le Champ de Bataille, que je n'arrive pas à déserter.

Culpabilité

Ce sentiment qui ronge, noue la gorge et les cœurs, ce sentiment qui vous pèse si fort.

Pourquoi je pense encore à toi ?

Tu es le coffre que je me suis tuée à fermer à double voire triple tours.

Laisse-moi tranquille même si en réalité tu le fais déjà.

Viens chercher tes paroles, tes traces, tes souvenirs, tes actes et tout ce qui va avec, car aujourd'hui, je déborde de tout ça.

Laisse ma tête vide, et mon cœur en paix.

Je veux me consacrer à Lui et plus à Toi, alors va-t'en, récupère l'envie de te voir, et celle de te parler, prends tout et pars loin de moi.

Lâche-moi, j'en supplie le monde entier, "pourquoi ?" ai-je questionné la Lune, qui s'est contentée, avec moi, d'en pleurer.

La(r)mes

Je te (t'aime) pleures encore.

Ma source

Tu es ma source d'inspiration (et de disparition).

Le Fardeau

Tu es mon âme sœur,
Mon amour,
Mon combat,
Mon sublime Fardeau.

Partie 2

ET MOI

L'Océan

Je l'ai regardé droit dans les yeux,
Son regard houleux m'a fait comprendre quelque
chose d'essentiel :
Je lui ai légué l'entièreté de ma colère,
En étant certaine qu'il en ferait un meilleur usage
que moi.

Reflet

Je ne m'aimais qu'au travers de leurs yeux,
Un jour j'ai croisé les miens sans crier gare,
Et j'y ai plongé.

Libre ou Solitaire

Être solitaire est un choix, un choix de liberté, choix d'amour de soi, un choix de guérison.

Mon parcours solitaire est loin de la solitude subie ou encore mélancolique.

Mon voyage solitaire est un vaste champ de fleurs sauvages, baigné de lumière, de plénitude. Je m'y aventure avec pour seul compagnon mon corps frêle qui a tant souffert de famine volontaire.

Ma chair et mes os, mes pensées joviales et des plus sombres.

Mes yeux se délectent de toute la beauté de cet endroit, et mon corps se ressource peu à peu.

La fatigue et le manque de forces sont un vague souvenir.

Le No Man's Land est derrière moi. J'y repense, alors que mes mains fragiles effleurent les bourgeons, le soleil me nourrit comme une seconde mère.

La nuit est enfin terminée. Les Démons sont retournés dans leur terrier. J'ai abandonné les cadavres de mes Angoisses aux charognards, et mes milliers de larmes à la Terre. Celle-ci en a fait fleurir toute cette dense végétation rassurante.

J'ai délaissé la Peur qui se nourrissait à ma place, et j'ai fini par lui reprendre ma nourriture.

Une mélodie lointaine planait sur mon No Man's Land, et en me concentrant de toutes mes dernières forces, j'ai entendu la Vie qui m'appelait. Elle me suppliait de la rejoindre hors de cet endroit, qu'elle était malheureuse sans moi.

J'ai constaté que sans sa mélodie, sans son goût si doux, moi aussi je l'étais.

Je me suis alors aperçue de mon aspect...

C'était un jour de pluie, il pleuvait un torrent de mes larmes.

Dans une flaque d'eau, je me suis dévisagée, mes os apparaissaient comme une armature bancale sous ma peau blafarde.

Mes genoux ont claqué en touchant le sol froid, et je me suis recroquevillée dans la mare formée par mes larmes.

Mes pleurs couvraient cette mélodie que je convoitais pourtant si fort.

Les pleurs ont duré tout le temps de cette nuit qui n'en finissait jamais de se noircir.

Quand mes spasmes se faisaient moins forts, moins violents, la Vie tenta à nouveau de me guider.

J'ai pris la décision de me relever, de tendre l'oreille et puis d'avancer. Une large tranchée me séparait du champ baigné de lumière et de plénitude.

Lançant un regard en arrière, pour ne jamais oublié d'où je venais, j'ai sauté dans les airs de toute ma volonté de rejoindre la Vie qui chantait pour moi depuis si longtemps.

Tout me parut flou ensuite : la Voleuse de nourriture avait disparue, les Bandits gisaient au sol en attendant les charognards.

Plus de Voleuse. Plus de Bandits.

Que la Lumière, la plénitude et le Soleil pour me nourrir.

La légèreté me parue irréelle, mais la Vie me rassura : elle chuchota tout bas "Tu es guérie", et mes larmes firent fleurir le champ tout entier.

L'Echo

J'ai hurlé ma douleur dans les hautes montagnes,
Mais l'écho m'a purement renvoyé tout son éclat.

Beauté quotidienne

Deux amoureux qui s'embrassent, un rire d'enfant, un café entre amis, une main tendue, une oreille attentive.
Tout est dans la beauté du geste, la beauté de l'instant présent.

Ce que je voulais te dire

La première phrase qui me viendra en face de toi est "je ne sais pas quoi te dire".
Les mots des langues du monde entier ne suffiraient pas à soulager mon cœur qui gonfle, qui enfle, qui explose.

Egarée

"Ça me brise, parce que je me dis quand même, que si je suis venue au monde, c'est pour aimer sans compter, et j'ai cette impression au fond du cœur, que personne n'est fait pour recevoir l'Amour que j'ai à donner."

-Quand je vide mon sac

Comment faire ?

Comment fait-on ?
Quand on a le cœur brisé ?
Comment peut-on faire pour le soigner ?
Comment vivre avec l'idée que personne ne sera à la hauteur ?
Du moins pour l'instant ?
Et "pour l'instant", c'est combien de temps ?

Cycle

La nuit continuera de tomber,
Et le jour n'arrêtera jamais de se lever.
Et malgré tous nos efforts,
La Terre ne cessera jamais de tourner.

La Lune

Ce soir la Lune est pleine,
Mais mon cœur est vide.

L'Instant Présent,
L'Instant d'Après

Pleine Lune en Gémeaux, J+3

La Lune a toujours été mon alliée, mon compagnon.

Petite, elle me fascinait : seule, elle trône la noirceur, sans relâche. Des milliers d'étoiles l'accompagnent, mais elle est au centre, fière, superbe, majestueuse, convoitée.

Je prie que personne ne la décroche, car je veux pouvoir la contempler chaque nuit de ma vie.

Il y a sa beauté mais aussi son pouvoir : ses cycles rythment mes émotions, ma spiritualité.

"L'instant d'Après" : Après, quand tout est différent.

La Lune me pousse à revivre mes souvenirs, pas par méchanceté, non, elle veut que j'apprenne, que je m'imprègne du passé, que je grandisse à ses côtés.

Mais la nostalgie est forte, virulente.

Elle lancine dans mon cœur comme des milliers de fourmis, qui travaillent en chœur pour que j'apprenne, que j'analyse.

Elle me renvoie, des phrases, des moments, des visages : que s'est-il réellement passé dans mon cœur ?

Mettre de l'ordre, mettre des mots pour avancer en cohésion avec mon Destin.

Elle a confiance en moi, et je la remercie de cette nostalgie qu'il m'arrive parfois de ne pas réussir à gérer.

Parce que c'est fini,

Parce que c'est différent,

Parce que tout cela me rend triste.

Mais je dois digérer que l'instant Présent est différent de l'instant d'Après, pour être forte, ancrée, en pleine conscience.

Elle pointe du doigt ceux qui sont partis, et m'enseigne à aimer encore plus fort ceux qui restent.

Elle me pousse dans mes retranchements.

Que veux-tu changer ?

Que veux-tu vraiment ?

Puis la puissance de son changement de cycle est moins forte, les émotions se rendorment, le cœur s'apaise.

L'instant Présent est de nouveau là, l'instant d'Après est loin, je lève la tête vers la Lune, qui me remet sur pieds et me guide vers ce(ux) qui m'est (me sont) destiné(s).

Accusée

Comment peut-on être coupable dans une situation, où l'on subit notre sort ?

Tu m'as laissée t'attendre des heures, des jours entiers, ne serait-ce que pour obtenir un mot, un regard, un brin infime d'attention.

Un jour, j'ai décidé que c'était terminé de souffrir le martyr : j'ai pris mes maigres forces et mon peu de courage entre mes mains et je suis partie.

Je ne t'aimais plus, parce que la souffrance avait répandu son encre noire et opaque sur l'entièreté de ton image, tu n'étais plus qu'une énorme tâche dans ma vie, ma pensée, dans mon cœur.

Alors je t'ai effacé.

Je suis partie en te laissant m'ignorer comme tu l'avais si bien fait des mois durant, sans sourciller.

La vie m'a offert un cadeau en mettant un autre homme sur mon chemin.

Il était là, tout près de moi, mais je ne voyais que toi.

Et le jour où tu as disparu, je l'ai aperçu, il était là, avenant et à l'écoute, prêt à m'aimer telle que j'étais.

Alors que par magie, je me suis dis que c'était Lui.

Mais aujourd'hui, tu <u>m'accuses</u> de m'être *sauvée* de ta noirceur, et surtout d'avoir réussi à trouver un homme *à* aimer et *pour* m'aimer.

Comment peux-tu être légitime d'une telle <u>accusation</u> ?

Je t'ai tout donné, et encore ce n'était qu'une infime part de ce que je pouvais t'offrir.

J'aurai pu te dédier mon argent, mon amour, ma fierté, mon attention, mon temps et mon cœur, que je m'arrachai de la poitrine avec douleur, pour que tu daignes le regarder.

Mais tu ne me jetais que de furtifs regards, et quelques mots banals.

Comment peux-tu être <u>légitime</u> maintenant ?

Pourquoi ?

Il y a des liens durs comme le roc, solides comme l'Univers, qui tourne et nous emmène, et nous ramène à lui.

Comment ? Par le simple fait qu'il existe, on résiste, on hurle, on se retire le cœur à mains nues, pour comprendre, pour espérer, pour répondre à nos questions.

Et les questions tournent en rond, en boucle, sans cesse pour nous ramener à ça.

Se défaire et pourtant y être ramener sans cesse comme une valse folle qui ne s'arrête jamais.

Un rythme effréné, des pas qui s'enchaînent et qui font de cette danse la plus belle et la plus déchirante à la fois.

Et si j'arrivais à quitter la valse pour donner ta main
à une autre
Et ma main à un autre,
Est-ce que j'arriverai à danser si bien ?

Mes confidences à la Lune

Biographie

Née le 14 août 1998 à Toulouse, je suis passionnée d'écriture depuis l'adolescence. Publier mon propre livre est pour moi un rêve cher à mon cœur, qui se concrétise.
Grande sensible, je suis une passionnée des relations humaines et amoureuses, qui m'inspirent et me poussent sans cesse à analyser avec poésie ce que j'éprouve, ce que je vis ; à mettre des mots sur ce que l'on peut traverser, ressentir, sans jamais réussir à identifier le mal qui nous ronge.

Ma source d'inspiration la plus forte, sont mes *émotions*. Vivre les choses à l'excès est un poids au quotidien mais surtout une énorme richesse. Elles sont mon *moteur* d'écriture et dans ma Vie en général.

J'espère qu'après la lecture de cet ouvrage, mes textes auront su vous aider à *mettre des mots* sur ce que vous avez traversé ou vous traversez en ce moment, ceci est mon souhait le plus cher.

Vous pouvez me suivre sur mon compte Instagram d'écriture **@kamwritting**,
Pour plus de textes, citations et actualités !

Je voudrais remercier de tout mon cœur mes proches et amis pour leur soutien sans failles, et leur aide précieuse.

© Illustration de couverture : Nina LAUMOND

© 2022, Kamille GAYRARD
Édition : BoD – Books on Demand, 12/14
rond-point des Champs-Élysées, 75008 Paris
Impression : BoD - Books on Demand,
Norderstedt, Allemagne
ISBN : 9782322409471
Dépôt légal : avril 2022

Mes confidences à la Lune